CHANSONS.

IMPRIMERIE DE A. PRIGNET.
1834.

CHANSONS.

PRÉFACE.

Que ce mot ne vous effraie pas, mon cher lecteur : il ne s'agit point ici d'une grave discussion sur la Chanson, sur ses différens caractères, depuis son origine (qui est celle du monde probablement), jusqu'à l'an de grace 1834. Non, c'est tout bonnement acte de soumission que je viens faire aux lois de l'étiquette. La Préface, pour un auteur, est le triple salut obligé de l'acteur qui s'adresse au public.

Sachez donc que je fais imprimer un tout petit Recueil de Chansons. Se hasarder avec un si mince bagage ! témérité, n'est-ce pas ? Aujourd'hui que l'in-8° lève partout son front superbe, et que la toise joue dans le monde littéraire un rôle si important.

Et ce n'est pas le seul danger que j'aie à courir ; écoutez bien :

C'est dans ma ville que je publie ; dans ma ville, simple chef-lieu d'arrondissement ! Rappelez-vous le bon *Picard !*

Puis, être médecin et faire des vers, et des chansons surtout !... Concevez-vous tout le scandale...? Je pourrais, il est vrai, m'autoriser de nombreux exemples de tous les âges : je pourrais soutenir que le temps qu'un président passe à l'écarté, un évêque au billard, il m'est permis, à moi, de le consacrer à la littérature ; mais je ne convaincrais personne : ne voit-on pas tous les jours encore prêcher l'excellence de la petite vérole et des gouvernemens absolus ?

Et puis enfin n'ai-je pas le malheur de

trouver que tout n'est pas roses dans la *meilleure des républiques*, et que pour l'argent qu'il donne, on fait au peuple le lit un peu dur ?

Dites, n'est-ce pas là jouer avec la poudre ?

Ami lecteur, protégez moi.

HILAIRE

OU LE SUISSE D'ÉGLISE.

(1825).

AIR : *Ronde du Solitaire.*

Quel est ce personnage
Armé comme un romain,
Au frais et plein visage
Et la canne à la main ?
Sa marche est noble et fière,
Il a, tout à-la-fois,
L'allure militaire,
Les traits d'un bon bourgeois :

C'est le Suisse Hilaire,
    Qui sait tout,
    Entend tout,
    Est partout,
    Et voit tout.

Des bavards à l'office
Qui punit le caquet,
Qui gêne avec malice
Un rendez-vous secret ?
Du temple avec colère
Qui chasse les vauriens,
Qui déclare la guerre
Aux paniers comme aux chiens ?
  C'est le Suisse Hilaire, etc.

Brûlant d'une coquette
Mais sainte ambition,
Qui s'avance à la tête
De la procession ?
Et qui près de la chaire
Au sermon des prélats,
Approuve avec mystère....
Ce qu'il ne comprend pas ?
  C'est le Suisse Hilaire, etc.

Les jours de mariage,
Qui prend un air charmant,
Qui, fidèle à l'usage,
Pleure à l'enterrement ?
Qui sait à la commère
Glisser propos galant,
Trouver toujours au père
Le *petit* ressemblant ?
 C'est le Suisse Hilaire, etc.

Qui, dans la sacristie,
Hume le vin sacré,
Qui caresse Marie
Aux dépens du curé ?
Qui.... ? mais du ministère
Je crains la sainte loi*,
Quelqu'un pourrait me faire
Loger aux frais du roi :
 C'est le Suisse Hilaire,
  Qui sait tout,
  Entend tout,
  Est partout,
  Et voit tout.

---

* Loi du sacrilège.

LE CERCUEIL DU SOLDAT [*].

AIR : *Te Souviens-tu ?*

Vers ton autel, ô France, ô ma patrie,
J'élève encor ma suppliante voix ;
Assez longtems l'humanité trahie
D'un lâche oubli vit profaner ses droits ;
De ton honneur aussi mon ame est fière,
Rien de honteux n'en doit ternir l'éclat ;

---

[*] Les soldats morts dans les hôpitaux sont enveloppés d'une botte de paille et enterrés sans cercueil. C'est contre cet abus qu'on réclame ici.

O mon pays ! écoute ma prière :
Donne un cercueil aux cendres du soldat.

J'ai vu dormir au sein de la mollesse,
Dans un palais enrichi par tes lois,
L'altier visir dont l'insultante ivresse
Sut indigner jusqu'au luxe des rois ;
Et pour tes preux rien de tant d'opulence !
Rien ! en mourant pas une tombe ! ingrat,
Fais leur au moins la part de l'indigence,
Donne un cercueil aux cendres du soldat.

Ce vétéran, dont la paille grossière
Protège à peine et le cœur et le front,
C'est un de ceux qui dans l'Europe entière
Ont répandu la gloire de ton nom ;
Avec courage il sut aux jours funestes
Offrir sa tête aux hasards des combats ;
Tu lui dois tout, respecte au moins ses restes,
Donne un cercueil aux cendres du soldat.

A ton appel, des mères gémissantes,
Sans murmurer t'ont donné leurs enfans,
Et de ces fils elles verraient tremblantes
Avec mépris fouler les ossemens !

Entends, entends leurs touchantes alarmes;
D'un saint amour comme leur cœur s'ébat!
O mon pays! prends pitié de leurs larmes,
Donne un cercueil aux cendres du soldat.

A BÉRANGER.

SOUSCRIPTION POUR LE TOMBEAU DE MANUEL,

(1828)

AIR : *Muse des bois.*

Près de la fosse où ta voix agitée
D'un vieil ami déplore le malheur,
Permets aux fils de la France attristée
De partager un moment ta douleur.
Le cœur, au bruit *de la terre qui tombe,*
D'un saint effroi se glace tout entier.

Ah! de l'oubli préservons bien sa tombe;
Pour Manuel reçois notre denier.

Avec orgueil nous suivions sa bannière,
Quand, aux clameurs d'esclaves tout puissans,
Le front levé, d'une ame libre et fière
Il opposait les sublimes accens.
Trahi des Dieux, à la fureur du trône
La haine, un jour, vint le sacrifier;
Nos mains alors ont tressé sa couronne.
Pour Manuel reçois notre denier.

Comme aujourd'hui, vengé par la patrie,
Du peuple encor généreux défenseur,
Son aspect seul, d'une ligue flétrie
Ferait rougir le front accusateur!
Mais cet honneur qu'il avait droit d'attendre,
L'affreuse mort le lui vient envier;
Puissent nos dons en consoler sa cendre!
Pour Manuel reçois notre denier.

Nous remettons notre pieuse offrande
Au citoyen qui ne faillit jamais,

Au tendre ami qui d'une ame si grande
Sut mériter les vertueux secrets.
Que de ce choix, la haine encor murmure,
Rien dans ses cris ne peut nous effrayer,
Et dans tes mains notre offrande est plus pure;
Pour Manuel reçois notre denier.

LES VIERGES.

___

AIR : *Le Dieu des bonnes gens.*

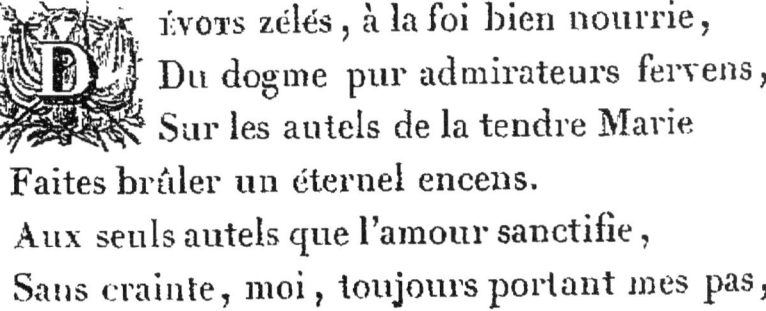Évots zélés, à la foi bien nourrie,
Du dogme pur admirateurs fervens,
Sur les autels de la tendre Marie
Faites brûler un éternel encens.
Aux seuls autels que l'amour sanctifie,
Sans crainte, moi, toujours portant mes pas,

Prêtre joyeux, gaîment je sacrifie
    Aux Vierges d'ici-bas.

Vantez encor dans votre humble héroïne,
De sa vertu l'effet mystérieux,
Qu'en insultant à la raison divine,
Vous nous prêchez comme l'œuvre des cieux ;
Sûr que le ciel, en qui je me confie,
A fait pour nous les féminins appas,
Prêtre joyeux, gaîment je sacrifie
    Aux Vierges d'ici-bas.

Adressez-lui dans un pieux cantique
Tous vos soupirs, vos désirs, vos regrets ;
Prosternez-vous dans votre ardeur mystique
Devant l'éclat d'invisibles attraits ;
Moi, peu jaloux de consacrer ma vie
A des attraits que je ne connais pas,
Prêtre joyeux, gaîment je sacrifie
    Aux Vierges d'ici-bas.

Mais, dites-vous, sa bonté tutélaire
Aux malheureux ouvre un sein protecteur ;
Vaine raison, des Vierges de la terre
J'aime bien mieux l'appui consolateur :

Rose, Suzon, Lise, Chloë, Sophie,
Que de chagrins j'oubliai dans vos bras!
Prêtre joyeux, gaîment je sacrifie
    Aux Vierges d'ici-bas.

TARTUFFE.

(1827).

AIR : *Ballade de la Dame blanche.*

D'ici voyez ce personnage,
Les mains jointes et l'air glacé,
Au teint livide, au long visage,
L'oreille droite et l'œil baissé.
Vous qui, sur la foi du serment,
Parlez haut, pensez hardiment,
   Prenez garde !
Tartuffe est là qui vous regarde,
Tartuffe est là qui vous entend.

20

Vous qui chaque jour du parjure
Flétrissez l'immoralité,
Vous dont la voix et noble et pure
Ne chanta que la liberté ;
Citoyen intrépide, ardent,
Calmez un courage imprudent,
  Prenez garde !
Tartuffe est là qui vous regarde,
Tartuffe est là qui vous entend.

Vous qui parfois près de vos armes,
Fier encor d'un tems glorieux,
Osez accorder quelques larmes
A vos compagnons malheureux ;
Vieux soldat sensible et vaillant,
De l'honneur gardien vigilant,
  Prenez garde !
Tartuffe est là qui vous regarde,
Tartuffe est là qui vous entend.

Vous, dont l'ame toute chrétienne
Laisse votre troupeau joyeux
Danser en paix sous le vieux chêne,
Où venaient danser nos aïeux ;

Bon curé, si doux au mourant,
Qui prêchez un Dieu tolérant,
Prenez garde !
Tartuffe est là qui vous regarde,
Tartuffe est là qui vous entend.

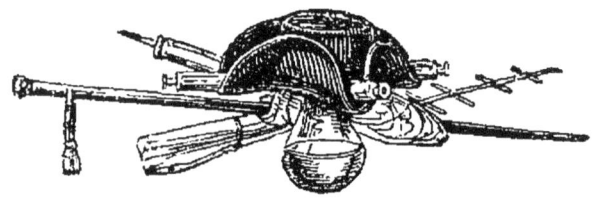

A BERANGER.

(1828)

AIR :

Encor des fers, et tes rimes proscrites !
Rêve d'un jour l'espoir s'est dissipé :
Du Vatican les foudres hypocrites
Ont marqué l'heure, et les rois ont frappé ;
Mais quand l'éclair vient sillonner ta tête,
Reprends ta lyre, et fier de tes amours,
Par un refrain réponds à la tempête ;
    Chante toujours.

L'objet constant de ton ardente ivresse,
La liberté te vaut d'affreux tourmens ;
Poursuis, ami, plus chère est la maîtresse,
Lorsque pour elle on a souffert longtems :
Sur tes barreaux vois de son auréole
Luire un reflet précurseur des beaux jours,
Qu'il soit pour toi le rayon qui console,
　　Chante toujours.

S'il tardait trop l'instant de la victoire,
Combats encor, et combats sans regret,
Va, le malheur n'est-ce pas de la gloire ?
De la grandeur il empreint le cachet.
L'heureux vaisseau porté vers le rivage
Passe inconnu dans son paisible cours,
J'admire un brick luttant contre l'orage,
　　Chante toujours.

UNE MATINÉE DE PROVINCE.

AIR : *Tableau de Paris.*

L'OMBRE au loin s'efface,
De la nuit qu'il chasse
Phébus prend la place,
Et le jour paraît.
Un peu de lumière
En tremblant éclaire
La porte du maire
Et du sous-préfet.

Flaneur habile,
Je cours la ville;
Tout est tranquille,
Bourgeois et soldat.
Malgré l'aurore
Qui se colore,
Mon œil encore
N'a trouvé qu'un chat.

La mine craintive,
L'oreille au qui vive,
Mais quelqu'un s'esquive,
C'est un beau garçon
Qui par imprudence,
Trop long-tems, je pense,
Aura pris séance
Au lit d'un barbon.

Tricorne en tête,
Queue en trompette,
Qui de loin guette?
C'est le gros commis;
Sans bruit il rode,
Et du fin Claude,
Brasseur en fraude,
Lorgne le logis.

Voitures publiques,
Ateliers, fabriques,
Magasins, boutiques,
Tout se met en train,
La gent ouvrière
Frottant sa paupière,
Quitte sa chaumière
La croûte à la main.

Rivaux de gloire,
Germain, Grégoire,
Criant : à boire!
Troublent les voisins.
Vieille dévote
Tout bas marmotte
Et déjà trotte
Ennuyer les saints.

Mais le jour augmente,
La grosse servante
Et frotte et tourmente
Sa porte en jasant ;
L'ouvrier travaille,
Le savetier braille,
Le fripier bataille
Avec le chaland.

Vive, colère,
La jardinière,
D'un bras sévère
Tance son baudet.
Ici Perrette
Au puits s'arrête
Pour, en cachette,
Baptiser son lait.

Là-bas jeune fille
Brunette, gentille,
Court à son aiguille;
Et pleine d'espoir
Rit de la sagesse,
Et dans son ivresse
Pense avec tendresse,
Au baiser du soir.

Narguant Virgile
Et l'évangile,
L'écolier file
Et, chemin fesant,
L'air hypocrite,
De loin médite
Farce maudite
Promise au passant.

Bientôt l'heure avance,
Le marché commence,
La foule s'y lance,
Et plus d'un galant
Dont l'œil étincelle,
Vient, amant fidèle,
Y faire à sa belle
L'amour en plein vent.

Fort en tactique,
En polémique,
Le politique
Entre au cabinet,
Faire la guerre,
Régler la terre,
Du ministère
Saisir le secret.

Armé de Barthole,
L'avocat Nicole
Va, sûr de son rôle,
Mentir au palais.
Gagnant l'audience,
Dandin se balance,
Jurant bien d'avance
D'y ronfler en paix.

Rêvant panade
Et limonade,
Chez son malade
Frappe le docteur.
Rêvant pommade
Et pasquinade,
Toupet gambade
Et fait joli cœur.

Le bruit s'accumule,
Partout sans scrupule,
Le cancan circule,
Silence, voici
Le canon solaire,
J'entends son tonnerre,
Amis, bonne chère,
Car il est midi.

LE HUIT AOUT

(1829).

AIR : *Muse des bois*.

Amis, debout ! la liberté nous crie :
A moi, Français, et vengez mon affront !
Du haut du trône, insultant la patrie,
Le despotisme a relevé le front :
De tous côtés le saint écho répète
Le bruit des fers roulés avec fracas ;
L'entendez-vous ce bruit sur notre tête ?
Courage, amis, on ne nous vaincra pas.

Roi fainéant, toi qui, lâche et servile,
Suis des Anglais le char déshonorant,
Pour le frapper de ton pied imbécille
As-tu pensé le lion expirant?
Il sommeillait, il s'éveille, et la terre
Bientôt encor peut trembler sous ses pas;
Fuis : il s'avance, il dresse sa crinière;
Roi fainéant tu ne le vaincras pas.

Fière Albion, toi que l'enfer seconde,
Pour nous flétrir de ton joug méprisé,
As-tu pensé que des vainqueurs du monde
Le noble sang se trouvait épuisé?
Non, dans nos cœurs circule en traits de flamme
Le sang si pur de tous ces vieux soldats;
A leurs enfans ils ont légué leur ame :
Fière Albion, tu ne les vaincras pas.

Oui dissipons d'inutiles alarmes,
De la raison l'astre veille pour nous;
Contre ses feux les tyranniques armes
S'émousseront : amis, souvenez-vous
Que pour braver son ardente lumière,
Le front couvert des palmes des combats,
L'aigle eut trop peu de sa double paupière,
Courage, amis, on ne nous vaincra pas.

LE VIEUX GARÇON.

AIR : *Te souviens-tu ?*

Te souviens-tu, disait à sa maîtresse
Un vieux garçon, encore un peu grivois,
De ce beau jour de ta belle jeunesse,
Où je te vis pour la première fois ?
Comme aussitôt électrisant mon ame,
De tes yeux bleus le regard ingénu,
Vint dans mes sens porter sa douce flamme;
Dis-moi, Suzon, dis-moi, t'en souviens-tu?

Te souviens-tu, quand ma bouche brûlante
A ta sagesse arrachant un baiser,

Un soir d'été, sur ta bouche charmante,
Traîtreusement osa se reposer?
De ce bonheur l'image enchanteresse,
Malgré le tems, pour moi n'a rien perdu,
Ton souffle encore est là qui me caresse;
Et toi, Suzon, dis-moi, t'en souviens-tu?

Te souviens-tu quand ma main plus hardie,
Sous ton corset, conduite par l'amour,
Malgré tes pleurs, d'une gorge arrondie
Vint effleurer le gracieux contour?
Je sens encor, souvenir plein de charmes,
Contre mon cœur battre ton cœur ému,
Je sens couler tes innocentes larmes,
Et toi, Suzon, dis-moi, t'en souviens-tu?

Te souviens-tu de ce moment d'ivresse,
Où maître enfin... mais quel trouble profond?
Ta main tremblante et s'agite et me presse,
Suzon, eh quoi! je vois rougir ton front :
Va, calme-toi, la haine en vain déclame,
Ce n'est point là que Dieu mit la vertu,
Pour le plaisir il disposa notre ame;
De ce moment, Suzon, te souviens-tu?

Mais il n'est pas de jeunesse éternelle,
Déjà l'amour fuit nos fronts sillonnés :
Ah ! demandons à l'amitié fidèle
Tous les beaux jours qu'amour nous a donnés;
Et puissions-nous, pour épreuve dernière,
Heureux du tems que nous aurons vécu,
Finir ensemble, et, fermant la paupière,
Nous répéter : dis-moi, t'en souviens-tu ?

L'HABIT DE COLLEGE.

AIR : *Allons Babet.*

Est-ce bien toi, pauvre habit de collége ?
Qu'avec plaisir, ami, je te revoi !
Quel bon génie aujourd'hui me protège
Et par la main me conduit près de toi ?
De ces beaux jours que tant de fois j'envie
Le souvenir s'éveille, je renais :
Oui, je renais de ma plus belle vie ;
Mon pauvre habit, que de bien tu me fais !

Sur toi je trouve, oh Dieu ! quelle surprise !
Ma sarbacane, effroi du professeur ;

Bon, m'y voilà ; droit au front je le vise,
La boule part, tombe droit ; quel malheur !
Le maître crie et le feu du martyre
De sa perruque agite les crochets ;
Il frappe, il tonne, et j'étouffe de rire :
Mon pauvre habit, que de bien tu me fais !

De traits de plume encor toute noircie,
Ta manche, ami, ressuscite pour moi.
Ces longs discours, enfans de mon génie,
Où j'étais tout, soldat, prophète, roi.
César, Pompée, Alexandre, Isaïe,
Un monde entier m'apparaît sous ces traits,
Et vous aussi, petits vers à Zélie :
Mon pauvre habit, que de bien tu me fais !

Ces galons d'or, brunis par le service *
Parlent enfin de ces jours de bonheur
Où, jeune chef d'une ardente milice,
De nos héros je rêvais la grandeur.
Combien de fois brave et beau capitaine,
La tête haute et fier d'être français,

---

* Les lycées étaient autrefois organisés en compagnies, sous le commandement d'un sergent-major.

J'entrai vainqueur dans Berlin et dans Vienne !
Mon pauvre habit, que de bien tu me fais !

Ah ! sois toujours ma première richesse ;
Quand des hivers les maux m'assiègeront,
Gai compagnon de ma verte jeunesse,
A ton aspect, ces maux s'effaceront.
Sans peine alors, du tems qui nous dévore
A ta faveur oubliant les progrès
Pour un moment j'aurai quinze ans encore ;
Mon pauvre habit, que de bien tu me fais !

LE TEMS PASSÉ.

AIR : *Une fille est un oiseau.*

Q u'est devenu le bon tems ?
Disait, en branlant la tête,
Une grogneuse coquette,
Riche de nombreux printems.
Depuis que sur notre monde
La révolution gronde,
Vraiment, on voit à la ronde
Tout flétri, tout renversé ;
De frayeur, mon sang se glace,

Rien, plus rien n'est à sa place :
Ah ! vive le tems passé !

Oui, les hommes autrefois
Attentifs à leur toilette,
D'une sévère étiquette
Savaient observer les lois :
Aujourd'hui plus de culottes ;
On ne voit que redingotes ;
Dans nos bals on vient en bottes ;
Gants, gilets, tout est foncé.
Je le dis en conscience,
Pour le bon ton, la décence,
Ah ! vive le tems passé !

Les danseurs qu'on rencontrait,
Charmans, pleins de gentillesse,
Par respect pour la vieillesse,
Lui gardaient un menuet :
Mais aujourd'hui plus de gêne,
Pour ces messieurs tout est peine ;
A la pauvre cinquantaine
Plus un petit balancé.
Je le dis avec tristesse,

Pour les soins, la politesse,
Ah ! vive le tems passé !

Les femmes, et j'y souscris,
Avaient bien quelqu'amourette ;
Mais c'était à la muette
Qu'elles trompaient leurs maris :
Aujourd'hui plus de sagesse,
Non, plus de délicatesse,
D'un amant, avec tendresse,
Partout le nom prononcé !
Quelle honte, quel scandale !
Pour l'honneur, pour la morale,
Ah ! vive le tems passé !

Du fléau dévastateur,
Mes enfans, je vous le jure,
A chaque pas, la nature
Nous accuse la rigueur.
Jamais une fleur aimable,
Jamais un fruit agréable,
Toujours un tems déplorable,
Le soleil même est glacé !
Dieu ! pour nous quelle misère !

41

Que va devenir la terre?
Ah! vive le tems passé!

LE VILAIN.

AIR : *Le Dieu des bonnes gens.*

Avous enfin, ô puissans de la terre,
Au froid dédain, au regard insultant,
Ma voix s'élève, et saintement colère,
De vos grandeurs accuse le néant;
Du faux éclat d'une naissance *pure,*
En vain encor, vous vous montrez jaloux :
Je suis vilain, mais malgré ma roture,
 Je vaux autant que vous.

 Ils sont passés tous ces jours de souffrance,
Où sous le joug, tremblant à votre aspect,

Un peuple enfant, flétri par l'ignorance,
Devait bénir la main qui le frappait.
De la raison a brillé la lumière,
Un peuple fort, rit de votre courroux :
L'or d'un blason, pour lui n'est que poussière ;
 Je vaux autant que vous.

Répondez-moi ; la main de la nature
Autres que moi vous a-t-elle pétris ?
Mon cœur enfin, pour battre sous la bure,
En vaut-il moins que le cœur d'un marquis ?
Je puis lever mon front que l'on outrage,
Vers ce soleil qui nous éclaire tous,
Dieu, comme vous, m'a fait à son image ;
 Je vaux autant que vous.

Mais qu'ai-je dit ? la vérité réclame ;
Trop généreux, j'ai confondu les rangs ;
Eloignez-vous : libre et fière, mon ame
Ne s'est jamais asservie aux tyrans.
OEuvre d'un Dieu qui ne veut pas d'esclave,
A son nom seul j'ai fléchi les genoux ;
Haine des Rois, misère..... je les brave,
 Je vaux bien mieux que vous.

UNE SOIRÉE DE PROVINCE.

AIR : *Tableau de Paris.*

Déja le jour baisse,
La sombre déesse,
De son ombre épaisse
Brunit le lointain ;
Et du réverbère
L'Apollon vulgaire
Ouvre sa carrière
La mèche à la main.

Troupe enfantine,
Vive, mutine,

Suit et taquine
Le terrestre Dieu,
Et toute fière,
D'une voix claire,
Fait à grand'mère *
Un bruyant adieu.

Toujours méthodique,
Le marchand classique,
Ferme sa boutique,
Et de son piquet
Avec espérance,
Calculant la chance,
En rêvant s'avance
Droit au cabaret.

La bière écume,
Le tabac fume,
L'air se parfume ;
L'encens précieux

---

* A Douai les enfans ont l'habitude de suivre l'allumeur de réverbères, et de crier, lorsque le réverbère monte : *Adieu grand'mère.*

A flots abonde,
Circule, inonde
La face ronde
Des buveurs joyeux.

Leurs boites fleuries *,
De gauffres, d'oublies,
Fraîchement remplies,
Voici les marchands,
Dont la voix traîtresse
Fait avec adresse
Palpiter d'ivresse
Le cœur des enfans.

Jeune grisette,
Vive, coquette
Dans l'ombre guette
Un riche barbon ;
Vieille marquise
Bravant la bise,
Dans son remise
Se rend au boston.

* Patisseries légères, espèce de plaisirs.

Mais l'étude cesse,
Dieu! quelle allégresse!
Quel bruit! quelle presse!
Va, brave gamin,
Fais la pirouette,
Poursuis la fillette,
Pends à la sonnette
Le chat du voisin.

Aussi rieuse,
Aussi nombreuse,
La gent fileuse
Quitte ses travaux ;
Puis en colonne
Court, polissonne ;
Au loin résonne
L'éclat des sabots.

Une humble chandelle
Là-bas étincelle,
Bientôt se révèle
Un bruit argentin ;
C'est dame Brigitte
Trottant vite, vite,

Rentrant de visite
Avec son carlin.

Robin, artiste,
Noble, choriste,
Soldat, modiste,
Sort de l'opéra ;
Procès, musique,
Blason, critique,
Amours, tactique,
Tout s'est traité là.

Bref, à la retraite
Partout on s'apprête
Déjà la clochette,
Tinte au vieux beffroi ;
Le guet s'aventure,
Mais de la serrure
L'écho seul murmure :
Qui va là ? — C'est moi.

LES MORTS.

AIR : *Je loge au quatrième étage.*

Tu veux, ami, que je t'apprenne
A quels signes je reconnais *
Que, de son enveloppe humaine,
L'ame a disparu pour jamais :
Je vais, à l'amitié fidèle,
Sur ce point ne te cacher rien ;
Ma méthode est toute nouvelle,
Mais je m'en trouve toujours bien.

* L'auteur est chargé de constater les décès.

Si je visite un personnage
Qu'on voyait éternellement,
Le dos courbé, sur le passage
De chaque ministre influent :
Vîte, voici son excellence !
Lui dis-je à l'oreille tout bas ;
S'il se tait, ah ! plus d'espérance !
C'est qu'il sollicite là-bas.

Près du guerrier dont la vaillance
Au champ d'honneur se signala,
Je prononce ce vieux mot : France !
Et sans crainte j'en reste là.
Au nom sacré de la patrie
Si son cœur est silencieux,
Ami, sa carrière est remplie ;
Son ame est déjà dans les cieux.

Si je visite un vieil ivrogne,
Que jamais n'effraya le vin,
Et dont la rubiconde trogne
Brûle encor des feux du raisin ;
Aussitôt près de son oreille
Je fais résonner un flacon,

Et si ce bruit-là ne l'éveille,
C'est qu'il boit déjà chez Pluton.

Je parle de cure au vicaire,
A chaque auteur d'un plein succès ;
Du voisinage à la commère,
Au procureur d'un bon procès.
De sentiment à l'ingénue,
A l'avare d'un coffre-fort ;
Et si personne ne remue,
C'en est fait, tout le monde est mort.

LA VIEILLESSE.

AIR : *Allons Babet.*

« Usez du tems et craignez la vieillesse,
Redoutez-la, nous prêche-t-on toujours ;
Tout au plaisir, le plaisir fuit sans cesse,
Comme un éclair ils passent les beaux jours. »
Moi, je me ris de ces vaines alarmes,
Ah ! si pour lui le printems a ses feux,
Le froid hiver nous offre aussi des charmes :
Sans crainte, amis, j'attends mes blancs cheveux.

Voyez d'enfans une troupe légère
En souriant se presser sur mes pas,
Me prodiguer tous les soins qu'à leur mère
Leurs jeunes cœurs ne prodigueraient pas.
J'entends déjà de leurs voix innocentes
Monter vers moi les accens gracieux ;
Je renaîtrai sous leurs mains caressantes :
Sans crainte, amis, j'attends mes blancs cheveux.

Douces beautés au sémillant visage,
Sans peur aussi de moi s'approcheront ;
Et de baisers que permettra mon âge,
Avec ardeur je couvrirai leur front.
Comme mon cœur palpitera d'ivresse,
Lui que l'amour jamais ne verra vieux !
Mes ans feront envie à la jeunesse :
Sans crainte, amis, j'attends mes blancs cheveux.

Et près du feu, chez moi, quand la veillée
Réunira tous mes neveux assis,
Heureux conteur, de la jeune assemblée
Mes souvenirs charmeront les ennuis.
Quand, au récit de notre grande histoire,
Tout étonnés, ils ouvriront les yeux,

Je leur dirai : j'ai vu ces tems de gloire !
Sans crainte, amis, j'attends mes blancs cheveux.

JUILLET

(1830).

air : *Les trois couleurs.*

Que vois-je ô Dieux et quel réveil magique !
A l'horizon quelle immense clarté !
C'est de juillet le soleil énergique,
A pleins rayons versant la liberté.
Honneur à vous, qui, d'une nuit profonde
Sauvant la France, avez, en traits si beaux,
Gravé son nom sur le livre du monde.
Soldats d'un jour, vous êtes des héros !

Vous lui devez cet éclatant hommage ;
Jadis bravant de tyranniques lois,
Sa douce voix, au plus fort de l'orage,
Vous consolait du lâche oubli des rois.
Combien pour vous le refrain du poète
Des jours de peine allégea le fardeau !
Du cœur ici venez payer la dette
Du plus beau chêne ornez un front si beau.

Vous les premiers, vétérans des batailles,
Des tems fameux, débris purs et sacrés,
Vous le savez, aux grandes funérailles,
Quels chants de deuil son ame a soupirés !
Combien de fois de vos gloires proscrites
Il a pour vous rallumé le flambeau !
Vous qu'il vengea du mépris des Thersytes,
Du plus beau chêne ornez un front si beau.

Venez, venez, car il est votre frère ;
De l'atelier ainsi que vous sorti ,
Pour l'anoblir le pouvoir eut beau faire,
A son berceau jamais il n'a menti.
Aux pieds du peuple, ardent et saint apôtre
Il apportait chaque succès nouveau ;

Venez, venez, car sa gloire est la vôtre,
Du plus beau chêne ornez un front si beau.

Rassurez-vous, on n'écarte personne,
Place pour tous à ce touchant adieu,
Et du plus pauvre à son ame si bonne
L'aspect sera le plus doux, comme à Dieu.
Qu'importe, amis, la veste qui vous couvre,
Tant de grands cœurs battent sous un lambeau !
Frappez, frappez, l'égalité vous ouvre ;
Du plus beau chêne ornez un front si beau.

LA POLOGNE.

air : *Les trois couleurs.*

France, entends-tu ces longs houras de guerre,
Ce bruit confus de chevaux, de clairons?
Ecoute bien, c'est la Russie entière
Contre nos murs poussant ses escadrons.
Un jour... demain, sur Varsovie éteinte,
De lâches rois auront marqué leurs pas ;
Epargne-lui cette honteuse empreinte :
France, en avant, point de pleurs, mais des bras.

Sur moi, dis-tu, trop de colère gronde :
Mais, autrefois, quand seule à tes côtés,

Pour te venger, je fesais face au monde,
Tes ennemis, les avais-je comptés ?
Ah ! quand de toi s'éloignent les nuages,
De ton soleil ne me repousse pas ;
J'ai si long-tems souffert de tes orages !
France, en avant, point de pleurs, mais des bras.

Réponds, réponds à mon cri de détresse,
Souviens-toi bien d'Arcole et d'Austerlitz :
Oserais-tu, par un jour de bassesse,
De ton drapeau deshonorer les plis ?
Laisseras-tu ce crime à ta mémoire ?
Donne ton or, tes hommes ; des soldats
Il en renait ; l'or, c'est moins que la gloire :
France, en avant, point de pleurs, mais des bras.

— Et la Pologne à périr destinée....
— Qui te l'a dit ? Un oracle odieux
L'a froidement à la mort condamnée ;
Mais cet arrêt, il n'appartient qu'aux cieux.
De l'avenir, Dieu seul fit la conquête,
Et Dieu n'a point annoncé mon trépas ;
Viens, tu le peux, fais mentir ton prophète :
France, en avant, point de pleurs, mais des bras.

LE MARGUILLIER.

AIR : *V'là c'que c'est q'd'avoir du cœur.*

Q u'un autre plus audaciéux
Elève son vol jusqu'aux cieux,
Qu'armé du burin de l'histoire,
Il chante la *Gloire*,
L'*honneur*, la *victoire;*
Pauvre, mais joyeux chansonnier,
Moi, je chante le marguillier.

Près du dais avec onction,
Marcher à la procession,
Et tenant pour sainte flamberge

Un énorme cierge,
Fait de cire vierge,
En faux bourdon psalmodier :
Voilà, voilà le marguillier.

Avec le clergé dans le chœur,
Partager la place d'honneur,
Pour l'église aux grands jours de fête,
Ayant Suisse en tête,
Ouvrir une quête,
Révérend comme un camérier :
Voilà, voilà le marguillier.

Avec tout l'aplomb d'un Légat,
Discuter chasuble et rabat,
Discuter sacristain, chapelle,
Nappes et dentelle,
Orgues et crécelle,
Chaises, burettes, bénitier :
Voilà, voilà le marguillier.

Par privilèges sûrs et bons,
Braver l'enfer et ses charbons ;
Faire vendredi grasse chère,

De jeune ouvrière
Troubler la prière,
En cachette auprès d'un pilier :
Voilà, voilà le marguillier.

Quand pour là-haut vient le brevet,
Avoir l'église à son chevet ;
Puis au convoi tous les hommages,
Dix chantres à gages,
L'encens par nuages,
Qu'en payant maudit l'héritier :
Voilà, voilà le marguillier.

JUILLET

(1832.)

AIR : *Les trois couleurs.*

Reviens, reviens, astre de délivrance,
Du grand Juillet soleil réparateur,
Il en est tems ; à la terre de France
Il faut encor ta féconde chaleur.
Pour nous, hélas, le bonheur fut un rêve,
Sur la vertu nous avions trop compté ;
De l'arbre saint on veut glacer la sève,
Reviens, reviens, soleil de liberté.

Nos ennemis, ce sont de lâches frères,
Qui sourds jadis à l'heure des combats,
Des fruits éclos sous tes feux populaires
Ont les premiers chargé d'indignes bras ;
Ah! sans pitié, de traits vengeurs sillonne
Leur front impur, sous ta gloire abrité ;
Que ce soit là leur civique couronne :
Reviens, reviens, soleil de liberté.

Sur l'univers, va, sème ta puissance ;
Pour t'éviter, en vain tous les tyrans
De leurs soldats chercheraient l'ombre im-
A ton passage on ouvrira les rangs ; [mense ;
Par le reflet de chaque bayonnette,
Chaque rayon jusqu'aux trônes porté,
Les brisera, foudroyante comète ;
Reviens, reviens, soleil de liberté.

Et si jamais à ton culte infidèle
L'Europe aussi méconnaissant nos droits,
Bravait les Dieux et prétendait comme elle,
Nous asservir sous la fourche des rois,
Dans tous les camps que le signal de guerre,

En gerbe ardente à l'instant soit jeté ;
A ton secours appelle le tonnerre !
Reviens, reviens, soleil de liberté.

SUZETTE.

AIR : *Du Curé de Charamande.*

Voyez, voyez, ce teint de lis,
Vingt ans et taille de gazelle,
Ces longs cheveux, ces noirs sourcils,
Et cette andalouse prunelle ;
Et ce petit bonnet bien mis,
Et cette jambe mignonnette ;
A moi tout cela, mes amis :
Qu'elle est gentille ma Suzette !

Point de bijoux, aucun atour
Ni *tournure* à ma jouvencelle ;
Attraits menteurs, et que l'amour
Jamais ne couva de son aîle.
Belle, la friponne le sait,
Ainsi que nature l'a faite ;
Sa gorge est vierge du corset :
Qu'elle est gentille ma Suzette !

Jusque dans son sourire enfin,
Quelle enchanteresse malice !
Ou rose, ou bleu, toujours lutin
Près d'elle paraîtra novice.
Jamais plus séduisant portrait
Des arts n'illustra la palette ;
Que de saints elle damnerait !
Qu'elle est gentille ma Suzette !

Oh ! venez, vous agenouiller
Grande dame, fraîche grisette
Tout ici doit s'humilier,
Béranger, même ta Lisette.
Oui, c'est (envain l'on médira)
De Dieu l'œuvre la plus coquette ;

Un jour de verve, il la créa :
Qu'elle est gentille ma Suzette !

AUX OUVRIERS.

COURONNE A BÉRANGER.

air : *Te Souviens-tu ?*

Encore, amis, un astre qui s'arrête !
Adieu chansons, Béranger se dit vieux ;
Au mur blanchi de son humble retraite
Dort suspendu le luth harmonieux.
Pour honorer une vie aussi chère
N'attendez pas l'hymne froid du tombeau !
Cueillez pour lui le rameau populaire,
Du plus beau chêne ornez un front si beau.

Ils avaient cru, ces tyrans sans courage,
Que du grand peuple abjurant les vertus,
Nos cœurs brisés par quinze ans d'esclavage
Au cri d'honneur ne palpiteraient plus.
Leur main alors ose saisir la foudre,
Vous paraissez, ils tombent les bourreaux :
Le feu sacré sommeillait sous la poudre.
Soldats d'un jour, vous êtes des héros !

Du haut, dit-on, de la sainte colonne
Applaudissait l'ombre des vétérans ;
Du Mont-Thabor, d'Austerlitz, de Craonne
Ont tressailli tous les froids ossemens.
De Marengo la vaillante bannière,
A salué vos tout jeunes drapeaux,
Le vieux sergent * a mouillé sa paupière :
Soldats d'un jour, vous êtes des héros !

D'un chant de deuil doit résonner ma lyre,
Il est à vous dont le sang précieux
A tout coulé; d'un si noble martyre
La récompense est pour vous dans les cieux.

* Béranger.

De vos aïeux l'auréole immortelle,
Pour vos fronts purs a des rayons nouveaux ;
Pour vous aussi la vie est éternelle :
Soldats d'un jour, vous êtes des héros !

LE PEUPLE EST ROI.

AIR :

Le dogme est vrai, grands de la terre,
La royauté descend du ciel ;
Mais, de son sacré caractère
En la revêtant l'Eternel
Dit : Au génie, à l'ame bonne
Qui de charité se fait loi,
Au plus vaillant est la couronne,
Or, Dieu l'a dit : Le peuple est roi.

Des gloires d'Athènes, de Sparte,
Qui forma le riche faisceau ?
Le peuple ; Franklin, Bonaparte,
Le peuple ; voilà leur berceau.
Quelle immense et brillante sphère !
Et quel soleil autour de soi
Projeta plus large lumière ?
Oui, Dieu l'a dit : Le peuple est roi.

Trouvez une ame où plus abonde
Du prochain l'amour généreux,
Un écho plus pur qui réponde
Mieux à l'ame du malheureux ;
Quand les grands refusent l'obole,
Sans rechercher le nom, la foi,
Par son denier qui le console ?
Oui, Dieu l'a dit : Le peuple est roi.

Qui, sous le feu gravit la cime
Du Thabor ? qui du Saint-Bernard,
Pieds nus, escaladait l'abîme ;
De Juillet plantait l'étendard ?
Partout, quand elle souffre, crie,
A son appel, qui sans effroi

Se lève, et meurt pour la patrie?
Oui, Dieu l'a dit : Le peuple est roi.

LA MÉTEMPSYCOSE.

air : *J'ai vu partout dans mes voyages.*

Un bel ange, blanc comme neige,
Cette nuit vint s'offrir à moi ;
Écoute bien : Je te protège,
Dit-il ; il faut changer ta foi.
Va, crois à la métempsycose,
C'est le culte de la vertu ;
Que sur moi ton cœur se repose ;
Après ta mort, dis, que veux-tu ?

Veux-tu, coursier aux pieds rapides,
Aux flancs étroits, aux crins nombreux,

Dans une arène, aux yeux avides,
Etaler ton corps gracieux?
— Non, ce sort n'a rien qui me touche,
Non, j'en serais trop vîte las;
Le frein irait mal à ma bouche;
Non, bel ange, je ne veux pas.

Du serin à la voix brillante,
Peut-être le sort te plairait;
Sur son cœur, de sa main charmante,
La blonde Iris te presserait.
— Bel ange, vois-tu bien sa cage?
— Mais, cage d'or. — Qu'importe, hélas!
Ce serait encor l'esclavage;
Non, bel ange, je ne veux pas.

— Mais, voudrais-tu, roi de la plaine,
Lion superbe et menaçant,
A ta crinière souveraine,
Voir tout un peuple obéissant?
Ou ministre du Dieu qui tonne,
Roi des airs, voler aux combats?
— Non, je n'aime pas la couronne;
Non, bel ange, je ne veux pas.

Que veux-tu donc? — Fais moi chenille.
— Quoi ! — Bel ange, daigne songer
Aux riches couleurs dont scintille
Le papillon vif et léger.
Et puis, par ma métamorphose,
Prouver aux grands si vaniteux,
Que l'origine est peu de chose!
Fais-moi chenille, je le veux.

L'ÉCRIVAIN PUBLIC.

air : *La Treille de sincérité.*

Entrez, entrez dans mon échoppe,
Grands et petits, et cætera,
Le vieux Procope
Vous servira.

Entrez, entrez, jeune fillette,
A l'œil piquant, au frais minois,
Entrez : je serai l'interprète
De vos soupirs, de vos émois.
Le cœur est pour moi sans mystère,
Je l'ai fait parler si souvent !
Ma plume, pour votre grand'mère,
Filait déjà le sentiment.
　　Entrez, etc.

Entrez, soldat, dont la finance
A fait naufrage au cabaret,
Au gousset j'offre bonne chance,
De le remplir j'ai le secret.
Je peins si bien l'ennui des armes
Et l'hôpital, et ses tourmens,
Qu'on voit tomber avec les larmes
Tous les écus des grands parens.
  Entrez, etc.

Entrez, entrez, des ministères
Vous qui poursuivez les faveurs,
Entrez : de toutes les bannières
Je saurai prendre les couleurs.
Depuis quarante ans d'exercice,
Sous tant de formes j'ai vanté
Le mérite, le sacrifice,
La vertu, la fidélité !
  Entrez, etc.

Entrez, vous qui d'une ombre antique
Voulez entourer vos berceaux ;
De l'arbre généalogique
Je plie à mon gré les rameaux.

Que de nobles à haute allure,
Qui sans le secours de ma main,
Seraient encore, je le jure,
Dans leur casaque de vilain !
    Entrez, etc.

Ainsi chantait, flairant sa prise,
Pauvre, mais fier de son métier,
Le bon Procope à barbe grise,
La plume d'or de son quartier.
Au choc qui renversa les trônes,
Sa cabane avait résisté,
Et sur les débris des couronnes,
Il répétait avec gaîté :
Entrez, entrez dans mon échoppe,
Grands et petits, et cætera,
    Le vieux Procope
    Vous servira.

LA LISTE CIVILE.

AIR : *Madame Grégoire.*

Non, ils ne sont plus,
 Ces jours de bonheur et de fête,
 Où, pour les élus,
S'ouvrait la royale cassette.
Comme d'un pur reflet,
Notre blason brillait !
Chaque année aux flots du Pactole
S'avivait notre vieux symbole :
 Jours si beaux, si doux,
Oh ! quand reviendrez-vous ?

Et l'église, hélas!
Qu'elle perd de fécondes vignes!
Vendange à pleins bras ;
Dieu! que ces Bourbons étaient dignes!
Sous quelque saint corset,
Si le diable glissait,
Le trône, aux faiblesses propice,
Fournissait layette et nourrice :
Jours si beaux, si doux,
Oh! quand reviendrez-vous?

Puis à la beauté,
Princes, rois, tout rendait les armes ;
Or et majesté,
Tout tombait aux pieds de nos charmes :
Récompenser si bien
Ce qu'on ferait pour rien!
Amour, jusqu'aux saisons nouvelles,
Oui, d'un crêpe voile tes ailes :
Jours si beaux, si doux,
Oh! quand reviendrez-vous?

Tout le monde, enfin,
Puisait à ces sources joyeuses,
Coiffeurs et menin,
Ducs, valets, abbés et danseuses;

Quoi ! peut-être on dira :
L'église et l'opéra.
Mes amis, en faveur du trône,
Aux damnés le bon Dieu pardonne :
Jours si beaux, si doux,
Oh ! quand reviendrez-vous ?

Bien.... mais de ce jeu,
S'écrîra quelque nouveau sage,
Qui paîra l'enjeu ?
Le peuple. — Eh ! voyez le dommage ;
Pour payer, en effet,
Dieu ne l'a-t-il pas fait ?
L'égalité, rêve, chimère !
Au fumier de nourrir la terre :
Jours si beaux, si doux,
Oh ! quand reviendrez-vous ?

LES PROSCRITS.

AIR : *Te souviens-tu ?*

Il a dit vrai, l'impitoyable oracle ;
Plus de Pologne, et l'arrêt est porté.
En vain, hélas ! elle a fait son miracle,
Jusques aux cieux sa voix n'a point monté.
Aux vieux soldats que la tempête exile,
Français, chez vous qu'un port soit réservé ;
Mais point d'aumône ; ils paîront leur asile :
A vous encor le sang qu'ils ont sauvé.

Assis heureux au foyer qui pétille,
Auprès de vous, amis, accueillez-les ;
Car eux aussi comptaient une famille,
Un doux foyer aux bienfesans reflets.

Un jour pourtant à vos cris de bataille,
La France au cœur chacun d'eux s'est levé,
Tout, femme, enfans, tout dort sous la mitraille;
A vous encor le sang qu'ils ont sauvé.

Combien de fois, tournés vers la frontière,
Nos yeux au loin ont cherché vos signaux !
Combien de fois notre oreille à la terre
A demandé le pas de vos chevaux !
Et rien jamais n'apparut que l'abîme,
Rien du bonheur que nous avions rêvé ;
Grâce pour vous, des rois seuls c'est le crime ;
A vous le sang que nous avons sauvé.

Pour se comprendre, oui, nos ames sont faites ;
Dans les combats jadis peuples jumeaux,
Même auréole a couronné nos têtes ,
Et même orage a battu nos drapeaux.
Que tous ces rois dont l'offrande injurie ,
Gardent un or par pitié prélevé ;
Vous, c'est toujours le pain de la patrie :
A vous le sang que nous avons sauvé.

LE NOUVEL IMPOT.*

AIR :

ENCORE une taxe nouvelle,
Amis. — Mais ne payons-nous pas
Pour le trône, pour la gabelle,
Pour l'émeute, pour les Judas?
Quoi! du gouffre qui nous dévore
L'abîme toujours creusera!
— Les grands ont des besoins encore....
Courage! notre jour viendra.

* Compte du budget de la guerre où figurent comme dépenses, l'entretien de la glacière, l'achat d'instrumens pour les enfans du Secrétaire, de fleurs pour Mme. Soult, etc., etc.

Des Lucullus du ministère
Plus d'une fois on te parla ;
Quel faste ! quelle bonne chère !
Ouvre ta bourse pour cela.
Le pain que le travail te donne
Peut-être, hélas ! te manquera,
Oui..... mais l'honneur de la couronne...
Courage ! notre jour viendra.

Le secrétaire, pour sa fille,
Voudrait une harpe de prix :
Sur le budget de ta famille,
Vîte, que cet argent soit pris.
Qui sait ? ta famille peut-être
De son avenir le paîra.
Mais il faut des valets au maître....
Courage ! notre jour viendra.

Puis, madame la maréchale
En tout tems aime que des fleurs
Près d'elle le parfum s'exhale ;
Donne, il t'en coûtera des pleurs ;
Donne : le lit où tu reposes,
Aux frais du luxe fournira ;

Mais la duchesse aura des roses :
Courage ! notre jour viendra.

   Quel bruit ? de Dieu c'est la justice ;
Entends-tu la foudre rouler ?
Malgré l'aiguille protectrice,
Vois-tu les palais s'écrouler ?
Oui, des grands le règne s'achève,
Sur leurs tombes qu'on maudira,
Ce soir notre étoile se lève :
Patience ! le jour viendra.

A MES VERS.

AIR :

Et vous, enfans, une folle espérance
Aussi vous berce, et vous voulez braver
De l'océan la périlleuse chance :
Oui, tout est prêt; l'ancre va se lever.
Mon amitié vainement vous conseille,

Et vous promet au port des jours plus doux,
A mes leçons vous faites sourde oreille ;
Allez, enfans, mais je tremble pour vous.

Nous le savons, dites-vous, de la plaine,
Pour nous, ami, le courant est trop fort
Nous le savons, point de course lointaine ;
A peine, hélas, si nous quittons le bord.
—Erreur, enfans ; bien plus grande est la faute :
Des vents, au large, on craint moins le courroux ;
Songez-y bien, l'écueil est à la côte :
Allez, enfans, mais je tremble pour vous.

Pour mon repos, au moins, si du voyage
Un bon génie eût protégé le cours,
Et de son nom au chétif équipage,
Dans le danger, apporté le secours !
Mais seuls, enfans, sur la frêle chaloupe !
De l'aquilon pour conjurer les coups
Tout seuls ! point d'ange assis à votre poupe !
Allez, enfans, mais je tremble pour vous.

» Du pavillon le bonheur vous rassure :
» Le ciel toujours s'est montré doux pour lui,

» Pour lui la voûte et s'étoile et s'azure, »
— Bon autrefois, enfans, mais aujourd'hui
De nos couleurs trop pure est la lumière ;
Il est, dit-on, là-haut, des Dieux jaloux,
Et ces Dieux-là disposent du tonnerre :
Allez, enfans, mais je tremble pour vous.

TABLE.

Le Suisse Hilaire.................7
Le Cercueil du Soldat............10
A Béranger......................13
Les Vierges....................16
Tartuffe 19
A Béranger.....................22
Une Matinée de Province.........24
Le Huit Août...................30
Le Vieux Garçon................32
L'Habit de Collège.............35
Le Tems passé..................38
Le Vilain......................42
Une Soirée de Province..........44
Les Morts......................49
La Vieillesse..................52
Juillet 1830...................55
La Pologne.....................58
Le Marguillier.................60
Juillet 1832...................63
Suzette........................66
Aux Ouvriers...................69
Le Peuple est Roi..............72
La Métempsycose................75
L'Ecrivain public..............78
La Liste civile................81
Les Proscrits..................84
Le Nouvel Impôt................86
A mes vers.....................89

www.ingramcontent.com/pod-product-compliance
Lightning Source LLC
LaVergne TN
LVHW050626090426
835512LV00007B/691